DOCTEUR LÉON-PETIT

SECRÉTAIRE GÉNÉRAL DE L'ŒUVRE DES ENFANTS TUBERCULEUX

UN PÉRIL SOCIAL

CONFÉRENCE

FAITE LE 23 AVRIL 1890

AU PALAIS DES SOCIÉTÉS SAVANTES

PARIS

OEUVRE DES ENFANTS TUBERCULEUX

35, RUE MIROMESNIL

1890

UN PÉRIL SOCIAL

Mesdames,

Messieurs,

Quand on songe à toutes les calamités qui assaillent l'espèce humaine, quand on pense à tous les dangers qui la menacent, on se demande par quel prodige d'équilibre certaines existences peuvent atteindre le terme que leur a assigné la nature.

Chagrins, revers, maladies, épidémies, accidents, désastres publics, autant d'ennemis au milieu desquels l'homme se livre à ses travaux et à ses plaisirs, tranquille et comme inconscient des dangers qui l'entourent.

Mais sa placidité n'est qu'apparente. Il suffit souvent d'un seul mot pour évoquer en son cœur de cruels souvenirs, pour le rappeler au pénible sentiment de la lugubre réalité, pour faire naître en son esprit une inquiétude qui n'est, hélas! que trop justifiée.

Parmi les fléaux que l'humanité redoute à juste titre, il en est deux qui tiennent incontestablement le premier rang.

L'un s'appelle *la guerre*, l'autre se nomme *le choléra*.

La guerre : la vie sociale de toute une nation suspendue! La guerre : la jeunesse, la force vive, l'espoir d'un pays jetés en pâture à la gueule des canons! La guerre : les mères en larmes, la désolation, la ruine!

Le choléra! Fléau terrible par sa brutalité ; fauchant tant d'existences humaines qu'il peut, en quelques jours, dépeupler toute une région. Le choléra! A sa première menace, c'est les cordons sanitaires, les quarantaines, les inquisitions; c'est la peur, conseillère de toutes les lâchetés; c'est tout un peuple affolé, anxieux, impuissant contre le mal; c'est l'anéantissement de tous les sentiments nobles, sous l'influence de la terreur!

Voyons donc, par le nombre de leurs victimes, quelle est l'importance de chacune de ces deux calamités publiques.

Pour nous limiter à la période pendant laquelle on peut tabler sur des chiffres certains, examinons les désastres causés par la guerre et par le choléra, en France, depuis le commencement du siècle jusqu'à l'année 1890.

Elles ont été nombreuses, les guerres!

C'est d'abord la sanglante épopée du premier Empire: Marengo, Iéna, Friedland, Wagram, Leipzig, Waterloo. C'est ensuite la conquête, si chèrement payée, de l'Algérie. Puis les campagnes du second Empire: Crimée, Italie, Mexique, les désastres de l'année terrible, et, enfin, les expéditions coloniales de la Tunisie, du Tonkin et de Madagascar.

Elles ont coûté cher à la France, toutes ces guerres. Car, d'après les documents officiels, le nombre des victimes qu'elles ont faites n'est pas inférieur à *deux millions d'hommes.*

Quant au choléra, son bilan est infiniment plus modeste. Venu des bords du Gange, il fit son apparition en France, pour la première fois, en 1832; revint en 1846, en 1852, en 1865, en 1873 et, enfin, en 1883. Toutes ces épidémies réunies ont tué, d'après Laveran, trois cent quatre-vingt-deux mille neuf cent cinquante-cinq personnes, soit, en chiffres ronds, *quatre cent mille victimes* à l'actif du choléra.

Il est à remarquer qu'à mesure que les moyens d'hygiène sont mieux appliqués, les épidémies cholériques diminuent d'intensité. Il y a même tout lieu de les considérer aujourd'hui comme à peu près disparues.

D'autre part, on nous fait espérer qu'avec le perfectionnement des nouveaux engins de destruction, les guerres deviendront de moins en moins meurtrières. Voilà donc de réels progrès réalisés au point de vue humanitaire; ils sont faits pour rassurer les gens timorés.

Mais il en est des fléaux publics comme des individus. Les

dangers qu'ils présentent ne sont pas toujours en rapport avec leurs allures bruyantes. Jugez-en plutôt.

A côté de la guerre et du choléra, en France, dans le même temps, un ennemi, d'autant plus redoutable qu'il opère sournoisement, sans éclat, a fait lentement, méthodiquement, cent mille victimes chaque année, soit *neuf millions d'individus tués par lui en quatre-vingt-dix ans, quatre fois et demie plus que par la guerre, vingt-deux fois plus que par le choléra.*

Ses victimes, c'est dans l'enfance, dans la jeunesse, dans l'adolescence qu'il les choisit de préférence, compromettant ainsi la vitalité et l'avenir de la nation.

Cet ennemi, c'est la tuberculose.

La tuberculose, que nous allons étudier ici, non pas seulement au point de vue médical, mais surtout au point de vue humanitaire ; car, par les désastres qu'elle entraîne, par l'extension toujours croissante qu'elle semble vouloir prendre, elle est plus qu'une maladie, elle est un *péril social.*

A en juger par les effets produits, on serait tenté de croire que la cause de pareils désastres doit avoir un aspect formidable. Il n'en est rien cependant, c'est un simple petit bâtonnet droit, un microbe, un bacille. On a peine à s'expliquer les dangers qu'il fait courir à l'espèce humaine, si l'on tient compte uniquement de ses dimensions.

Pour apercevoir cet infiniment petit, il faut des instruments d'un pouvoir grossissant considérable ; il est même indispensable de faire subir aux pièces qu'on veut examiner une préparation, assez délicate, qui a pour but de donner au bacille la coloration qui seule permet de le distinguer.

C'est qu'en effet il ne mesure guère, en moyenne, que deux millièmes de millimètre de long sur cinq fois moins de large. Il en faudrait cinq cents bout à bout pour atteindre la longueur d'un millimètre.

Dans le monde des invisibles, on compte avec des fractions tellement faibles, avec des unités tellement insolites, que les chiffres ne parlent pas à l'esprit. Il est nécessaire, pour en donner une idée exacte, de prendre des termes de comparaison. En voici un :

L'enceinte de Paris mesure 30 kilomètres. Il faudrait pour l'investir d'une armée sur un seul rang, 60 000 hommes, ce qui constitue une garnison respectable. Le même nombre de bacilles placés, non pas côte à côte, coude à coude, comme nos soldats de tout à l'heure, mais bout à bout, selon leur grand axe, ferait tout juste le blocus d'une pièce de 10 centimes !

Et, cependant, entre cet infiniment petit, ce moins que rien, ce microbe, et l'homme, organisme puissant, perfectionné, il va s'établir une lutte dans laquelle « *la raison du plus faible sera souvent la meilleure* ».

Jouissant d'une résistance considérable au temps et aux injures extérieures, s'accommodant des conditions de vie les plus défavorables, possédant une colossale puissance de reproduction, les microbes écrasent les organismes supérieurs sous la loi du nombre.

C'est une véritable invasion de barbares, sapant tout sur son passage, portant partout la mort et la destruction. Telles, les hordes du Nord, si longtemps dédaignées par l'orgueilleuse Rome dont elles eurent si facilement raison.

La théorie microbienne a bouleversé la médecine de fond en comble. Je ne sache pas qu'à aucune époque de l'histoire de notre science, il ait été accompli une révolution plus rapide, plus radicale et, en même temps, plus féconde en résultats pratiques.

Aujourd'hui, tout le monde s'accorde à reconnaître que les maladies contagieuses, et en particulier la tuberculose, sont le résultat de la mise en œuvre des microbes, chaque maladie ayant le sien.

En sorte que, actuellement, faire l'historique d'une maladie n'est plus seulement décrire une série de phénomènes ou d'accidents observés, n'ayant entre eux aucun lien apparent ; c'est raconter les épisodes de la guerre dont ces symptômes ne sont que la manifestation extérieure, c'est exposer et expliquer la lutte livrée dans la profondeur du corps humain entre les cellules de l'organisme et les microbes.

Pour suivre cette lutte dans toutes ses phases, il nous faudrait entrer dans des détails techniques qui, quel que soit leur intérêt, nous entraîneraient en dehors des limites de cette rapide esquisse. Il nous suffira, pour saisir le mécanisme de la production de la tuberculose, d'examiner les trois questions suivantes :

1° Où est l'ennemi ?

2° Par où se fait l'invasion ?

3° Quelles sont les causes de la défaite ?

1° Où est l'ennemi ?

Les germes des maladies infectieuses nous entourent de toutes parts. Ils sont dans l'eau que nous buvons, dans la chair des animaux que nous mangeons, dans l'air que nous respirons. On les trouve partout dans une sorte d'état spécial qui leur permet de résister aux injures du temps et de retrouver toute leur activité nocive, le jour où le hasard leur fournit un milieu propice à leur mise en œuvre.

Voici, à ce sujet, quelques chiffres assez édifiants.

Dans un mètre cube d'air on a compté :

Au sommet du Panthéon............	28 microbes.
A Montsouris.....................	45 —
Rue de Rivoli	462 —
A la Villette	500 —

microbes de tout genre et toute espèce, les uns inoffensifs, les autres en quête d'une bonne petite maladie à provoquer. Tous, bien entendu, n'étaient pas des bacilles de la tuberculose, mais, dans le nombre, il y en avait certainement quelques-uns.

2° Par où se fait l'invasion ?

Pour pénétrer dans notre corps, le bacille de la tuberculose a le choix entre trois portes :

La peau, l'estomac, le poumon.

La peau. — Il suffit d'une plaie, de la plus petite coupure, de la plus faible écorchure faite avec un instrument chargé de produits tuberculeux, pour inoculer la maladie. Ce mode d'infection, de tous le plus rare, ne donne souvent lieu qu'à une tuberculose locale. Il s'observe surtout chez les médecins et les étudiants, à la suite d'un accident dans les travaux d'amphithéâtre.

J'ajoute qu'il est presque exclusivement employé dans les laboratoires pour produire la tuberculose expérimentale. On n'en est plus à compter les milliers de lapins et de cochons d'Inde, pauvres martyrs de la science, qui ont succombé à la maladie produite par cette voie.

L'estomac. — Au dernier congrès pour l'étude de la tuberculose, médecins et vétérinaires ont longuement discuté sur les dangers du lait et des viandes provenant d'animaux tuberculeux.

Pour le lait, tout le monde est d'accord. Il peut être une cause puissante de propagation de la maladie; mais, comme le bacille ne résiste pas à des températures élevées, il suffit, pour éviter tout danger, de faire bouillir le liquide suspect.

Quant à la viande, c'est une question plus complexe. Tandis que les uns prétendent que la maladie ne peut être provoquée que par les portions de l'animal qui renferment des lésions tuberculeuses, d'autres soutiennent que tout animal malade, n'eût-il que quelques tubercules dans les poumons, doit être rejeté de l'alimentation.

Malheureusement, ici, de gros intérêts sont en jeu. Des mesures trop radicales apporteraient de sérieuses entraves à l'industrie bouchère. Elles pourraient entraîner une augmentation considérable dans le prix de la viande, qui n'est déjà pas à très bon marché.

Aussi, il est à redouter que nous ne mangions encore pendant longtemps des entrecôtes tuberculeuses ou des filets farcis de bacilles. Avis aux amateurs de viandes saignantes ! Quant aux personnes qui préfèrent la viande très cuite, elles peuvent être tranquilles, et manger sans crainte de s'inoculer la tuberculose. Voilà donc à jamais condamné le traitement de la phtisie et de l'anémie par la viande crue et le sang frais. Il paraît que cette méthode est excellente pour contracter la tuberculose. Le traitement de la phtisie par la phtisie, nous voilà en pleine homéopathie.

M. Guinard, vétérinaire-inspecteur à Dijon, raconte l'histoire d'une dame qu'il voyait fréquemment à l'abattoir, où elle venait boire, avec la plus grande conviction, des pleins verres de sang. Elle déclarait se trouver très bien de ce traitement. Or, un jour, un bœuf superbe avait fourni à la malade son breuvage habituel. Quelques instants après, M. Guinard saisissait la viande de l'animal qui, contre toute apparence, était indignement tuberculeux. Quelques mois plus tard, la buveuse de sang succombait aux atteintes de la phtisie pulmonaire.

Moralité : les anémiques feront bien de renoncer à boire du sang ; ils devront donner la préférence au vin de Bordeaux.

Ici, nouveau danger : il paraît que certains vignerons emploient, pour clarifier leurs vins, du sang de bœuf. Il n'en faut pas davantage pour exposer le consommateur à contracter la tuberculose.

C'est à vous faire frémir !

Pour ma part, je trouve qu'il y a une exagération regrettable dans les craintes qui ont été inspirées au public, relativement à la tuberculisation par les aliments. Le danger est probable, mais il est loin de justifier les mesures répressives que certains hygiénistes par trop radicaux voudraient nous imposer. C'est à croire vraiment qu'elles sont dictées par le désir de combler de joie les sociétés de tempérance !

Il n'est pas jusqu'aux volailles de nos basses-cours et, en particulier, les canards engraissés artificiellement, qui ne soient une source de gros dangers. Lorsqu'on vide un de ces animaux, rien n'indique, à première vue, qu'il soit tuberculeux. Mais, souvent, il y a dans les foies gras des bacilles à profusion.

Glissons, car si l'on songeait à tous ces détails, on finirait par ne plus rien manger. Or, il me semble qu'il est plus sage, et surtout plus agréable, de courir les risques de s'*embaciller* avec une bonne terrine de foie gras truffé, que de se laisser mourir de faim dans la crainte de mourir de la tuberculose!

Le pouxox. — Au surplus, inoculation par la peau et infection par les aliments sont presque des quantités négligeables si on les compare à la production de la maladie par l'introduction du bacille dans les voies respiratoires : par la *contagion*.

La phtisie, en effet, est contagieuse. Elle se transmet de l'homme malade à l'homme sain, et cette contagiosité nous amène à envisager cette maladie sous une nouvelle face. Grâce à elle, le phtisique n'est plus seulement un pauvre malade, digne d'intérêt et de compassion; il devient un danger pour son entourage, et, à ce titre, il tombe sous le coup de l'hygiène sociale.

C'est à Villemin que revient l'honneur d'avoir, le premier, démontré scientifiquement ce point capital, qui domine actuellement toute l'étude de la phtisie. Le jour où il vint annoncer, à la tribune de l'Académie de médecine, le résultat de ses recherches, il souleva une véritable tempête dans la docte assemblée.

C'était le 5 décembre 1865.

Un certain nombre de médecins : Hérard, Guéneau de Mussy, Gubler, Jaccoud, ne tardèrent pas à apporter des observations et des expériences qui ne laissaient aucun doute sur la contagion de la phtisie. Mais d'autres, et c'était le plus grand nombre, ayant à leur tête Pidoux, refusèrent d'admettre la contagiosité.

Et voilà que, dix-huit ans plus tard, en 1883, un Allemand, Robert Koch, découvre l'agent de la maladie, le bacille de la tuberculose, démontrant du même coup que tout ce qu'avait entrevu Villemin était absolument exact.

A dater de ce moment, les médecins ont ouvert les yeux; les notions nouvelles ont opéré un revirement complet dans les idées admises jusqu'alors. L'erreur d'hier est devenue la vérité d'aujourd'hui.

Ce résultat est dû à la découverte de Koch; mais n'oublions pas que le savant allemand a eu un précurseur en France, et que, lorsqu'on parle des théories nouvelles sur la tuberculose, il est impossible de ne pas invoquer, d'abord et avant tout, le nom de Villemin, qui, plus heureux que beaucoup d'autres, peut assister, aussi modeste que savant, au triomphe de ses idées.

Bien que la science n'ait pas de patrie, il me semble juste de constater, une fois de plus, que certaines découvertes qui ont fait leur chemin dans le public, le jour où elles sont arrivées à lui avec l'estampille étrangère, ont eu leur point de départ chez nous et sont connues, depuis de longues années, dans la science française, où elles sont nées !

Il peut paraître étrange que la contagion de la tuberculose soit restée si longtemps contestée, alors que l'instinct semble avoir devancé les découvertes de la science : Crevaux, le courageux et infortuné explorateur, raconte que l'Indien des rives de l'Orénoque fuit devant les étrangers qui toussent, et craint même le contact des objets qui leur ont servi. Et il a raison, l'Indien, car dans certaines îles de la mer du Sud où la tuberculose était inconnue, les indigènes payent un large tribut depuis que cette maladie leur a été importée par les Européens.

Mais, dira-t-on, comment est-il possible de méconnaître un fait aussi facile à constater que celui de la contagion ?

Rien n'est plus simple. La phtisie ne se propage pas du malade aux personnes qui l'entourent avec la soudaineté du choléra, de la variole ou de la fièvre typhoïde. La longue durée de son évolution, la difficulté de la reconnaître à ses débuts, font souvent perdre de vue la façon dont elle s'est transmise.

Et cependant, les cas de contagion ne sont, hélas ! que trop nombreux, dans les casernes, dans les collèges, dans les communautés, partout enfin où la vie en commun et l'entassement augmentent les chances de contagion.

C'est surtout dans le contact intime et permanent du ménage que se trouvent réalisées les conditions les plus favorables à la propagation de la tuberculose. Ici, les exemples abondent. Permettez-moi de vous en citer deux :

Venu du fond de l'Auvergne à Paris pour y tenter la fortune, un charbonnier, installé au Marais, dans un logement des plus insalubres, était phtisique. C'était un petit homme, maigre, chétif, d'une activité dévorante, résistant admirablement aux progrès du mal : la tuberculose évoluait, chez lui, avec une extrême lenteur. Il toussait, crachait, était essoufflé, mais il n'en continuait pas moins à scier son bois et à monter ses sacs de charbon. Il prit femme. Un an après, il était veuf : sa moitié ayant succombé à la phtisie galopante. Et, cependant, c'était une vigoureuse nature, n'ayant aucun antécédent personnel ou héréditaire qui pût faire penser à la tuberculose. Elle avait été infestée par son mari.

Celui-ci, homme au cœur tendre, ayant besoin de quelqu'un pour garder sa boutique, ne tarda pas à se remarier. La seconde femme eut le sort de la première... Et, successivement, en quelques années, notre charbonnier tua trois autres malheureuses.

Il en est à son cinquième veuvage : toutes ses femmes sont mortes phtisiques. Lui-même est plus que jamais tuberculeux ; mais, fidèle au poste, avec cet entêtement des enfants de l'Auvergne, il se cramponne à la vie et songe à contracter une nouvelle union !...

Avouez que bien des criminels ont fini, un beau matin, place de la Roquette, qui étaient moins dangereux pour la société que ce Barbe-Bleue d'un nouveau genre !

Autre exemple de contamination par le mariage :

Un jeune homme de vingt-deux ans, que nous appellerons A..., présentait des symptômes de phtisie commençante : il avait craché le sang, il toussait, transpirait la nuit, mais son état ne l'empêchait pas de vaquer à ses occupations.

Sans lui laisser soupçonner la gravité de sa situation, je ne lui cachai pas que son état exigeait beaucoup de ménagements et des soins de tous les instants.

Un jour, il m'annonce son prochain mariage. Je fis tout pour le détourner de ce projet. Mais, comme il n'y a pas de pire sourd que celui qui ne veut pas entendre, en sortant de chez moi, il alla faire publier ses bans avec Mlle B....

Ah ! il n'eut guère à s'en louer du mariage. Le pauvre diable avait trop présumé de ses forces. Six mois après la noce, on l'enterrait. Mort phtisique.

Sa veuve, une forte et belle femme, pleura, jusqu'au jour où elle rencontra celui qui devait sécher ses larmes. Onze mois après la mort de son premier mari, la veuve AB devenait

M⁰ᵉ CB. A peine était-elle mariée, qu'une petite toux sèche, dont elle était atteinte depuis près d'un an, augmenta considérablement : la phtisie, transmise par A, après avoir couvé en silence, éclatait brusquement.

Quelques semaines plus tard, C était veuf, et lui qui, pas plus que sa femme, ne semblait prédestiné à la tuberculose, devint phtisique, épousa une seconde femme D qu'il infesta. Elle mourut, elle aussi, tuberculeuse, peu de temps après son mari.

Voilà donc, du fait de A, trois ménages anéantis par la maladie qui s'est transmise de proche en proche, comme le feu dans une traînée de poudre.

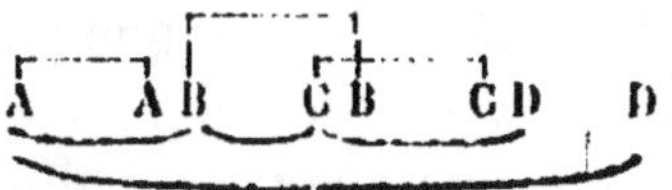

Il n'est pas jusqu'à nos animaux domestiques qui ne soient victimes de la contagion.

Dans une basse-cour, toutes les poules mouraient. La fille de ferme qui les soignait était phtisique. On confia le poulailler à une domestique bien portante, les poules cessèrent de crever.

J'ai communiqué autrefois, à la Société de médecine pratique, les observations de deux chiens et d'un chat qui contractèrent la tuberculose de leur maître et en moururent. Tous ces animaux devinrent phtisiques par le même mécanisme : ils mangeaient les crachats.

Le crachat, en effet, est le principal, pour ne pas dire le seul agent de la contagion. Tombé sur le sol, il se dessèche, se divise en une infinité de petites particules qui, mélangées aux poussières de l'atmosphère, s'en vont semer au loin les germes de la maladie.

3° Quelles sont les causes de la défaite ?

Ces germes, une fois introduits avec l'air dans les voies respiratoires, deux éventualités peuvent se présenter : 1° ils sont tombés sur un terrain réfractaire à leur évolution ; 2° ils ont rencontré les conditions propices à leur développement,

Dans le premier cas, le bacille reste inoffensif dans l'organisme, jusqu'à ce qu'un effort de toux ou une cause quelconque le rejette au dehors. Il ne se passe pour ainsi dire pas de jour, j'allais dire pas d'instant, où nous n'ayons l'occasion d'introduire dans nos poumons des bacilles tuberculeux, et, il faut bien le reconnaître, le plus grand nombre d'entre nous échappe heureusement à la maladie.

Cependant, même chez les gens les mieux constitués, un accident, en apparence insignifiant, peut suffire à mettre notre organisme en état d'infériorité manifeste vis-à-vis de ses puissants ennemis. C'est ainsi que s'expliquent les phtisies provoquées par un coup sur la poitrine, les phtisies qui succèdent à des bronchites, à la rougeole, à la coqueluche, à l'influenza, les phtisies des alcooliques et celles des diabétiques, les phtisies des gens qui exercent un métier à poussières : boulangers, mineurs, tailleurs de pierre, etc.

C'est de la même façon qu'éclôt la tuberculose chez les sujets condamnés à vivre dans une atmosphère viciée, et chez les pauvres diables qui, harcelés par le besoin, manquant du nécessaire, enchaînés dans un logement malsain d'un quartier populeux, suant la misère, envahis par le découragement, sont forcés de continuer un travail au-dessus de leurs forces, jusqu'au jour où ils tombent, terrassés par la phtisie.

Oui, la misère est un des puissants alliés du microbe tuberculeux ; souvent elle lui ouvre la porte, toujours elle facilite sa tâche de destruction.

Et je ne parle pas de cette misère banale, peu intéressante, qui tend la main dans la rue, ou trouve moyen de vivre de la compassion publique ; je ne parle pas de cette misère qui connaît le chemin des riches hôtels, et sait, malgré tous les obstacles, venir apitoyer chez elle l'insoucieuse richesse ; je ne parle pas, en un mot, de ces faux malheureux qui, ayant embrassé la carrière de la mendicité, exploitent honteusement la charité. Je veux parler de la *misère physiologique*, misère des vrais malheureux, misère de ces vaincus de la vie, honteux de leur sort contre lequel ils se sentent impuissants, trop fiers pour tendre la main, trop courageux pour vivre sans travailler, véritables martyrs d'une organisation sociale qui semble faite pour les plonger, eux et leurs familles, au fond de l'abîme d'où ils ne sortiront jamais.

Cette misère, il n'y a que le médecin et le juge d'instruction qui la connaissent bien pour l'avoir touchée du doigt. Il n'y a qu'eux qui sachent combien il y aurait à faire pour la soulager intelligemment.

En voulez-vous une histoire de misère? En voici une que tous les journaux ont racontée, il y a quelques mois, et dont je connais personnellement l'héroïne.

C'était un ménage d'ouvriers. Lui, un esprit faible, aussi facile à diriger vers le bien que vers le mal. Elle, une vaillante femme, aimant son mari, ayant compris comment elle devait le guider. Pendant longtemps le ménage fut heureux. Mais, épuisée par la maternité et le travail, la pauvre femme tomba malade. Elle devint phtisique.

Désormais sans guide, sans frein, l'homme se laissa entraîner par les mauvais conseils. Vinrent les longues stations au cabaret, la perte de sa place, le chômage, la misère, la faute, le crime, la cour d'assises, la Nouvelle-Calédonie !

Affolée par la honte, ravagée par la maladie, la pauvre femme ne tarda pas à mourir, laissant seuls au monde, sans parents, sans amis, trois enfants, trois filles !

L'aînée s'en alla au ruisseau; la plus jeune fut adoptée par l'Assistance publique. Quant à la cadette, Sophie, âgée de quatorze ans, elle fut abandonnée sur le pavé !

Un voisin la recueillit. C'était un marchand de vin sur le comptoir, qui fit ce jour-là une bonne action et une bonne affaire. La pauvre petite devint sa domestique à tout faire, surchargée d'une besogne au-dessus de ses forces, logée dans une soupente, avec, pour toute nourriture, un morceau de pain et *deux sous par jour*, pour acheter du hachis chez le charcutier du coin.

Pendant deux ans la malheureuse vécut ainsi, sans se plaindre, restant honnête, sans une caresse, sans un mot d'affection pour la consoler de toutes ses privations.

Un jour, le patron fit faillite. Ce n'est vraisemblablement

pas en frais de personnel qu'il s'était ruiné. Ce fut un désastre pour la pauvre Sophie.

La voilà errant au hasard dans les rues de Paris, en quête d'une place. Et quand on lui demande qui elle est : « Mon père est au bagne, ma grande sœur au boulevard de la Villette, ma petite sœur aux Enfants-Assistés. » Avec de telles références, elle est mise à la porte de partout.

Après trois jours d'une course folle, elle échoue, mourante de froid et de faim, chez le commissaire de police à qui elle vient d'elle-même raconter son histoire et demander du pain.

La loi est cruelle, mais c'est la loi. L'enfant a plus de seize ans, elle n'a pas de domicile, elle est vagabonde. On l'envoie au dépôt, et de là en police correctionnelle. Les magistrats vont frapper cette malheureuse victime de la fatalité, et jeter dans le vice une enfant qui a résisté à tout, et n'a commis d'autre faute que celle d'être honnête (qu'il y a loin de la légalité à la justice !), lorsque le secrétaire général de l'Œuvre du Sauvetage de l'enfance, un des avocats les plus distingués de la Cour d'appel, vient de lui-même faire entendre la voix de l'humanité. Il réclame cette pauvre fillette, on la lui donne ; elle évite la prison.

Mais, les privations, les souffrances morales, les tortures physiques ont épuisé ce petit corps en pleine période de développement. Une victime de plus jetée en pâture à la hideuse tuberculose.

L'enfant est aujourd'hui à l'hôpital d'Ormesson dont je vais vous entretenir dans un instant. Souhaitons que les soins dont on l'entoure puissent l'arracher à la mort, et qu'elle goûte, un jour, un peu de ce bonheur qu'elle a si bien mérité.

La voilà, la misère physiologique !

Étonnez-vous donc après cela si vous voyez luire au fond de l'œil de ces pauvres diables un éclair de farouche révolte. Étonnez-vous donc si, un jour, entraînés par le premier intrigant qui passe, ils viennent vous demander compte des tortures qu'ils ont endurées.

Malheur aux pauvres, soit ! Mais aussi malheur à ceux qui ne savent pas leur tendre une main secourable !

S'il y a une sélection devant la souffrance, la contagion est là pour rétablir le niveau de la balance. C'est elle qui prend la tuberculose en bas pour la porter jusqu'au sommet de l'échelle sociale, foulant aux pieds toutes les barrières que le mauvais riche cherche à élever entre lui et la misère !

Enfin, à côté de toutes ces causes qu'une hygiène et une organisation sociale bien comprises pourraient supprimer, il est un facteur de tuberculose, de tous le plus redoutable, qui produit à lui seul près de la moitié des cas. Je veux parler de l'hérédité.

Les faits ont démontré, et cela avec une sinistre éloquence, le rôle cruel que joue la phtisie dans certaines familles. C'est par milliers que se comptent chaque année les innocentes victimes de l'hérédité, et l'on ne peut regarder, sans une tristesse poignante, les tableaux de la natalité et de la mortalité en France, comparés à ceux des autres pays d'Europe.

C'est par l'excédent des naissances sur les décès que se mesure la force d'expansion d'une race. Or, cet excédent, qui est de 13 pour 1000 en Angleterre, de 12 pour 1000 en Allemagne, n'est que de 1,5 pour 1000 en France. Autrement dit, pendant que nous pouvons mettre cent mille hommes de plus pour défendre la frontière, nos voisins peuvent appeler huit cent mille hommes de plus sous leurs drapeaux. N'y a-t-il pas là de quoi inquiéter, de quoi alarmer tous les cœurs patriotes ?

Certes, on ne peut songer à augmenter par des mesures législatives le nombre des naissances, mais il n'est pas douteux qu'on ne puisse, dans une large proportion, diminuer la mortalité, et surtout celle des enfants marqués à leur naissance d'une tare héréditaire.

Le jour où l'hygiéniste et le législateur, unissant leurs efforts, auront résolu ce problème, ils auront fait plus qu'une œuvre de banale philanthropie, ils auront accompli un acte de défense sociale et de patriotisme éclairé.

En résumé, une maladie terrible, causant, à elle seule, plus d'un cinquième de la mortalité, tuant, rien qu'à Paris, plus de dix mille individus tous les ans, maladie essentiellement contagieuse, véritable phylloxera de l'espèce humaine et contre laquelle il n'est que temps de prendre des mesures radicales.

Jusqu'ici, le public, et, avouons-le, les médecins me semblent avoir fait fausse route dans leur façon de comprendre le remède à un pareil mal. Il ne se passe guère d'année où on ne nous annonce, à grand renfort de réclame, la découverte d'un traitement spécifique et infaillible de la tuberculose. Disons-le bien haut, il n'y a pas, il ne saurait y avoir de spécifique pour la phtisie, encore moins que pour toute autre maladie, par la raison qu'à côté du mal il y a le malade dont le tempérament, l'état général, l'étendue des lésions impriment à une même affection des allures différentes. Il ne suffit donc pas de trouver le spécifique capable d'anéantir l'action du bacille pour posséder enfin le moyen de guérir tous les phtisiques.

Supposons, en effet, le problème résolu. Voilà le microbe détruit ou tout au moins mis hors d'état de nuire; le malade sera-t-il guéri pour cela? Non, certes, puisqu'il reste à lutter contre les désordres et les dégâts produits antérieurement et qui peuvent, à eux seuls, entretenir la maladie et compromettre l'existence, toute influence bacillaire ayant cessé. Suffit-il d'arrêter l'invasion, de signer la paix pour réparer les désastres et ramener la prospérité dans un pays ruiné par la guerre?

Aussi, il faut renoncer à ce qu'on pourrait appeler la médecine à tiroirs, c'est-à-dire la médecine à l'aide de laquelle, étant donnée une maladie, on n'a qu'à lui opposer une formule indiquée d'avance, uniformément établie, toujours la même! Défions-nous donc de tous ces systèmes derrière lesquels s'abritent trop souvent, hélas! de honteuses spéculations, de toutes ces méthodes qui ne laissent après elles que désillusion et découragement.

Soignons, non plus la phtisie, mais les phtisiques.

C'est parce que la thérapeutique est guidée aujourd'hui par ce grand principe que le nombre des guérisons devient chaque jour plus considérable, et qu'il n'est personne d'entre nous qui, à côté de grandes déceptions, n'ait eu la consolation de voir se rétablir un certain nombre de tuberculeux. Et c'est à propos de ces malades qu'on comprend bien la profondeur de la devise d'Ambroise Paré : « Je le pansai, Dieu le guarit. »

Mais, à côté du traitement des phtisiques, à côté de leur guérison trop souvent encore incertaine, et qui n'est, si je puis m'exprimer ainsi, qu'un des petits côtés de la question, il y a un but plus élevé à atteindre : il y a à restreindre les ravages si cruels de la maladie, il y a à en faire le blocus, comme on l'a fait d'ailleurs, avec un plein succès, pour la variole et le choléra, dont la prophylaxie a singulièrement diminué les désastres. Il y a, en un mot, à opposer à une maladie sociale une médecine sociale.

Les deux grandes causes de la tuberculose, nous venons de le voir, sont la contagion et l'hérédité. C'est à elles que nous devons nous attaquer, et plus nous restreindrons le champ de leur action, plus nous amoindrirons l'importance du fléau.

Grâce aux travaux du dernier Congrès pour l'étude de la tuberculose, grâce surtout à la discussion qui vient de se terminer à l'Académie de médecine, la contagion tuberculeuse est maintenant connue de tous. Chacun sait, qu'étant donné un phtisique, il est utile, dans son intérêt et dans celui de son entourage, de prendre certaines précautions hygiéniques, telles que : désinfection de son crachoir, de ses linges, large aération de sa chambre, etc.

Mais il serait désastreux, et l'Académie l'a bien compris, par des mesures radicales ou trop cruellement appliquées, de jeter la panique dans les familles et le découragement dans l'esprit des malades. Il serait odieux de remplacer l'affectueux dévouement qui accomplit des miracles par la peur, ce dissolvant de tous les sentiments généreux.

Toutefois, dans les grandes agglomérations d'hommes, dans l'armée, par exemple, une hygiène bien comprise a considérablement abaissé la mortalité par phtisie. Les chiffres suivants ne laissent aucun doute à cet égard.

La phtisie causait sur 100000 hommes :

En 1867....................................	223 décès.
En 1877....................................	145 —
En 1887....................................	99 —

et ce chiffre tend encore à diminuer. Ces résultats sont faits pour nous encourager.

Voici, d'autre part, quelques passages extraits d'une circulaire adressée, ces jours derniers, par M. le ministre de l'instruction publique à tous les recteurs, en vue de parer aux dangers de contagion de la tuberculose dans les écoles, dans les pensions, dans les lycées :

Il me reste, monsieur le recteur, à vous entretenir de la tuberculose, dont l'Académie de médecine signale les progrès menaçants, et je ne saurais mieux faire que de vous communiquer les conclusions adoptées dans sa séance du 28 janvier 1890.

1° La tuberculose est une maladie parasitaire et contagieuse.

2° Le microbe, agent de la contagion, existe surtout dans les poussières qu'engendrent les crachats desséchés des phtisiques et le pus des plaies tuberculeuses.

3° Le plus sûr moyen d'empêcher la contagion consiste donc à détruire les crachats et le pus, avant leur dessiccation, par l'eau bouillante et par le feu.

4° Le parasite se trouve aussi quelquefois dans le lait des vaches; il est donc prudent de n'employer le lait qu'après l'avoir fait bouillir.

5° L'Académie appelle l'attention des autorités compétentes sur les dangers que les tuberculeux font courir aux diverses collectivités dont elles ont la direction, telles que lycées, collèges, etc.

En me transmettant ces conclusions, M. le secrétaire perpétuel de l'Académie de médecine fait remarquer que les quatre premiers paragraphes sont d'ordre exclusivement scientifique et s'adressent surtout au corps médical. Le dernier paragraphe, au contraire, est pour ainsi dire d'ordre purement administratif, et l'Académie ne se dissimule pas les difficultés que présentera l'application de toute mesure de prophylaxie vraiment efficace dans les établissements d'instruction.

Isoler de ses camarades ou rendre à sa famille un jeune homme sous prétexte d'un état de santé dont ni lui ni les siens ne soupçonnent et ne doivent soupçonner la gravité, est en effet chose bien délicate. Une décision aussi grave, entraînant des conséquences aussi sérieuses, ne devra jamais être prise que sur l'avis fortement motivé du médecin de l'établissement, et même après consultation de plusieurs médecins. Mais avec quelle prudence les chefs d'établissements ne devront-ils pas s'efforcer de justifier, même un simple isolement, à plus forte raison l'exclusion, aux yeux de l'élève et de sa famille, qui ne se doutent pas du danger dont ils sont menacés; quelles ingénieuses raisons ne devront-ils pas invoquer pour leur persuader que ces mesures sont prises uniquement dans l'intérêt du sujet lui-même.

Ce ne sera pas trop du tact le plus délicat pour mener à bien une pareille mission. Mais je connais le dévouement de nos fonctionnaires et l'intérêt qu'ils portent aux enfants confiés à leurs soins, et je sais d'avance qu'ils sauront, le cas échéant, apporter toute la prudence et tous les ménagements nécessaires à l'accomplissement du pénible devoir qui pourrait leur incomber.

Voilà de sages conseils. Ils font honneur au signataire de cette circulaire.

Oui, c'est avec tact, avec prudence que doivent être appliquées toutes les mesures d'hygiène. Malgré le danger, elles ne sauraient être imposées par la loi ; elles relèvent de la conscience humaine.

Malheureusement, et c'est là qu'est le péril, les mesures d'hygiène ne sont pas facilement applicables, quand la phtisie frappe chez les malheureux.

Les pauvres diables vont, comme on dit vulgairement, jusqu'au bout de leur rouleau, et après de longs mois de souffrances, lorsqu'ils n'ont plus la force de travailler, ils viennent frapper à la porte de l'hôpital.

Mais l'hôpital est encombré, et il ne peut guère ouvrir ses portes au tuberculeux qui n'en est encore qu'à la période où il peut marcher. Sur cent individus qui se présentent à une consultation d'hôpital, un quart environ est composé de phtisiques, et lorsque le médecin ne peut disposer, dans les meilleurs jours, que de quatre ou cinq lits, il lui est difficile, quelque désir qu'il en ait, de les immobiliser au profit de malades chroniques.

Alors le pauvre phtisique commence la lamentable ascension de son calvaire. Il s'en va, errant d'hôpital en hôpital, toujours évincé, traînant sa misère, crachant ses bacilles, semant la contagion, rentrant le soir dans son galetas trop étroit où est entassée toute une famille qu'il infeste.

Au point de vue de la philanthropie, il y a là une situation lamentable. Au point de vue de la santé publique, il y a là un état de choses désastreux.

Il serait donc à désirer qu'imitant ce qui se fait à l'étranger, en Angleterre, par exemple, on créât des hôpitaux spéciaux pour les tuberculeux. Et surtout, qu'on ne vienne pas nous dire,

avec une sentimentalité mal comprise, qu'il serait cruel d'hos-
pitaliser les phtisiques dans un établissement qui ne tarderait
pas à avoir la réputation d'être l'antichambre du tombeau.

Les Anglais, qui sont pratiques, n'ont pas hésité à inscrire,
sur le frontispice de leurs hôpitaux de phtisiques, le nom de
la maladie qu'on y traite. Ils ont pensé, avec raison, qu'il est
plus humain de dire à un malade : « Vous êtes phtisique et
nous allons vous soigner », que de le laisser mourir sans secours, sous prétexte de lui cacher la nature de son mal.

Aussi, en Angleterre, les phtisiques savent où aller frapper
pour trouver un asile, des secours, des soins, et ils n'hésitent
pas à le faire, puisque les hôpitaux de Brompton, Victoria-Park
et Ventnor ont secouru et soigné plus de six cent mille malades
depuis leur fondation, qui remonte, pour le plus ancien, à
quarante ans à peine.

Certes, la création des hôpitaux de tuberculeux serait appelée à rendre de réels services. Elle diminuerait considérablement les méfaits de la contagion. Il y a là une innovation
que nous devons appeler de tous nos vœux. Mais, au point de
vue de l'extinction de la tuberculose, elle n'aurait peut-être
pas toute l'influence qu'on serait tenté de lui attribuer au
premier abord.

Avec un ennemi aussi terrible que le bacille, il faut employer des mesures plus énergiques. Pour triompher de lui, il
faut l'attaquer avant qu'il ait eu le temps de prendre ses posi-
tions. Il faut, pour ainsi dire, l'étouffer dans l'œuf. Il ne suffit
pas de combattre la contagion, il est nécessaire, surtout et
avant tout, de lutter contre la fatale influence de l'hérédité.

Or, il existe chez les enfants issus de parents tuberculeux
des symptômes qui passent souvent inaperçus, mais auxquels
l'œil exercé du médecin ne peut pas se tromper, stigmates de
la tuberculose, signes précurseurs de la maladie, avant-cou-
reurs d'un mal qu'il sera peut-être possible d'éviter en l'atta-
quant de suite.

Dans la classe aisée, le médecin est là pour jeter le cri
d'alarme, et souvent, très souvent, disons-le bien haut, car
c'est un espoir pour tous, le danger peut être conjuré. L'en-

fant, que la tuberculose avait marqué de son doigt de mort, échappe à l'horrible mal.

Dans la classe pauvre, il en va tout autrement : méningites, tuberculoses abdominales, tuberculoses des os et des articulations, accomplissent sans entraves leur impitoyable œuvre de destruction. Il n'existe pas de remède qui puisse triompher à la fois de la maladie et de la misère !

Je dis, il n'en existe pas ; je devrais dire, il n'en existait pas. Car, depuis deux ans, grâce à l'initiative privée, une œuvre s'est formée, œuvre de bienfaisance, qui est appelée à jouer un rôle considérable dans la lutte contre la tuberculose. Je veux parler de **l'Œuvre des enfants tuberculeux.**

Créée à l'instigation de quelques médecins, elle est dirigée par un comité médical dont voici la composition :

MM. les docteurs : Hérard, président ; Villemin et Grancher, vice-présidents ; Léon-Petit, secrétaire général ; Guéneau de Mussy, Dujardin-Beaumetz, Léon Labbé, Constantin Paul, Cadet de Gassicourt, Huchard, Blache, Gouël, Ladreit de la Charrière, Duboys de la Vigerie, Cadier, Chauveau, Jaoul, Bontemps.

Elle a pour but la fondation d'hôpitaux, d'asiles, de dispensaires et de sanatoria consacrés au traitement gratuit des enfants pauvres atteints de tuberculose.

Son siège social est à Paris, 35, rue Miromesnil.

Là est installé un **dispensaire** où tous les jours ont lieu les consultations médicales, les distributions de médicaments et de secours.

Les malades dont l'état exige l'hospitalisation sont dirigés sur un **hôpital** situé en pleine campagne, aux portes de Paris, à Ormesson, au sommet du plateau qui domine la vallée de la Marne.

Placé au milieu d'un paysage des plus riants, dans une position éminemment salubre, cet hôpital compte aujourd'hui cent lits. Il a ouvert ses portes le **25 décembre 1888**. Grâce aux soins dont ils ont été entourés, tous les malades ont été rapidement améliorés, un certain nombre guéris : il n'en est pas mort un seul.

Mais l'OEuvre des Enfants tuberculeux est en train d'élargir son cadre. Elle est à 'a veille de fonder, sur le littoral de la Méditerranée, dans ce pays jusqu'alors réservé aux malades favorisés de la fortune, un **sanatorium**, dans lequel les convalescents, sortis d'Ormesson, iront achever de rétablir leur santé au soleil vivifiant du midi.

Et enfin, comme il serait à craindre, si l'on replonge ces pauvres déshérités de la nature dans l'atmosphère meurtrière des grandes villes, que la misère ne fasse à nouveau éclore les germes de la maladie si péniblement étouffés, l'OEuvre des Enfants tuberculeux, par une éducation morale, méthodiquement conduite, s'efforce d'inspirer à ces petits malades le goût de la campagne et des travaux au grand air, seuls compatibles avec l'état de leur santé. Elle rêve même de créer la **colonie sanitaire** qui s'impose pour ces malheureux enfants qui ne sont pas armés par la nature pour la lutte vitale des grands centres. Car les tuberculeux doivent à tout prix être écartés des villes. Elles sont un danger pour eux, ils sont un danger pour elles !

Prendre dans le ruisseau de Paris et des grandes villes le petit tuberculeux, pour l'arracher à la misère, à la maladie et à la mort, et transformer cette non-valeur, cette charge sociale, en un homme qui pourra payer un jour à la société la dette contractée envers elle, tel est [le but de l'OEuvre des enfants tuberculeux.

Cette œuvre répond à un réel besoin, et c'est là ce qui explique la rapidité surprenante de ses progrès.

En résumé, voici les ressources mises à la disposition de l'enfant tuberculeux :

1° Le dispensaire de Paris, 35, rue Miromesnil, où, après une sélection basée sur l'état de santé, ceux-ci sont soignés sur place, ceux-là dirigés sur l'hôpital ;

2° L'hôpital d'Ormesson, où l'enfant reste jusqu'à sa convalescence ;

3° Le sanatorium de Valescure, où il achève sa guérison ;

4° La colonie sanitaire, où, une fois guéri, il est élevé et utilisé à des travaux en rapport avec son état de santé ; travaux dont le produit est divisé en deux parts ; l'une affectée aux soins des enfants plus malades, l'autre constituant un pécule pour l'époque de la sortie définitive.

Pour mener à bien cette tâche, l'Œuvre des Enfants tuberculeux fait appel au concours de tous. Certes, elle a besoin d'un appui matériel ; mais il lui faut aussi un appui moral, il est du devoir de tous de la faire connaître. C'est à ce titre que j'en ai parlé ici. Et je l'ai fait d'autant plus volontiers que je m'intéresse tout particulièrement à cette entreprise, d'abord en raison des services qu'elle rend, ensuite et surtout en raison de la largeur d'idées qui a présidé à son établissement.

Chose rare dans les entreprises charitables d'initiative privée, bien que les services de l'Œuvre des enfants tuberculeux soient confiés à une communauté religieuse, il ne s'agit pas ici d'une œuvre de secte, ni de parti.

Les vaillantes sœurs, les mamans des petits tuberculeux, qui prodiguent à ces pauvres êtres leurs soins, sans compter, avec un dévouement au-dessus de tout éloge, accueillent les malades, sans distinction de culte. Elles conservent, au fond du cœur, cette foi religieuse qui accomplit des miracles ; mais, dans l'exercice de leur pénible ministère, elles ne voient qu'une chose : la maladie.

Si le résultat est en raison de l'effort produit, la tuberculose est fortement menacée, car elle a rencontré, dans le personnel d'Ormesson, d'intrépides adversaires.

La charité et la science trouvent leur compte dans cette œuvre que je suis heureux de vous signaler et de vous recommander.

Je sais bien qu'on a dit quelque part que l'humanité est comme une armée en marche, obligée d'abandonner sur la route les traînards pour suivre sa destinée. On a dit que la maladie était un moyen d'élimination, *de sélection*, qui, en supprimant les faibles, relève le niveau physique d'un pays.

C'est là une théorie que nous ne nous chargerons pas de discuter ici, et que nous nous garderons soigneusement d'adopter. Nous voulons vivre plus près des hommes et voir dans l'humanité et dans l'État autre chose qu'un groupe compact, dont chaque membre en particulier ne vaut pas la peine qu'on s'occupe de lui.

Jadis, à Sparte, on sacrifiait les enfants mal conformés. Il y a de cela deux mille ans. L'humanité a marché depuis. Aujourd'hui, ces pauvres déshérités, non seulement nous ne songeons plus à les sacrifier, mais nous voulons tout faire pour les sauver. C'est notre nouvelle manière de comprendre les intérêts sacrés de la patrie. Elle est moins cruelle que l'ancienne. Peut-être aussi est-elle plus sage.

C'est qu'en effet, par une sorte de compensation, la nature se complaît souvent à déposer dans ces petits corps frêles des trésors que nous ne devons pas gaspiller à plaisir. Sous ces visages pâles et amaigris, voyez cet œil pétillant d'intelligence. Qui sait s'il n'y a pas là l'étoffe d'un homme appelé à rendre des services à son pays ?

Et, d'autre part, si nous laissons la maladie exercer ses ravages, nous aurons là autant de germes de contagion que nous devons à tout prix étouffer de suite. C'est pour l'humanité une question de vie ou de mort.

Soignons tous les enfants tuberculeux, la charité le conseille, l'intérêt l'ordonne.

Il ne sera pas dit qu'en France nous laisserons la hideuse maladie faucher chaque année des milliers de petits êtres qui n'ont d'autre tort que d'être venus au monde faibles.

J'en appelle à vous, amis dévoués de l'enfance ; j'en appelle à vous, mères de famille.

Enrôlez-vous dans cette œuvre de protection et de sauvetage de l'enfance ! Par une modeste cotisation de 10 francs par an, que de bien vous pouvez faire. Propagez l'œuvre, amenez des adhésions. Quelque grandes que puissent devenir les ressources, elles seront toujours au-dessous des besoins.

C'est à vous, mesdames, que revient de droit la mission d'arracher à la mort ces pauvres petits. Acceptez-la. Accomplissez-la avec votre cœur de mère, avec votre cœur de Française. Je m'adresse à vous en toute confiance ; car, chez nous, le cœur des femmes est assez large pour contenir côte à côte l'amour de l'enfance et l'amour de la patrie !

ŒUVRE DES ENFANTS TUBERCULEUX

Administration : 35, rue Miromesnil, Paris.

Hôpital : Ormesson, près Paris (¹).

Asile de convalescence : Valescure (Saint-Raphaël, Var) (²).

Dispensaire : 35, rue Miromesnil, Paris.

COMITÉ CONSULTATIF :

MM. Boisvilliers.
le comte Cahen d'Anvers.
Cassigneul.
le général Castelnau.
Cauvin.
Cesselin, avoué honoraire.
le comte Dulong de Rosnay.
Marinoni.
le marquis d'Ormesson.
Seguin.

Mᵍʳ Goux, évêque de Versailles.
MM. l'abbé Brocard.
le docteur Lhéritier.
le docteur Marjolin.
Lefèvre, notaire.
Hureau, avoué.
de Verneuil, agent de change.
Stolz, agent de change.
Robert de Massy, architecte.

COMITÉ D'INITIATIVE

MM. les docteurs Blache, Gouel, Léon-Petit.

(¹) Ormesson, par Sucy-en-Brie (Seine-et-Oise). On se rend à Ormesson par la ligne de Vincennes, station de Champigny. Un service d'omnibus dessert l'hôpital.

(²) Ligne de Paris à Vintimille, station de Saint-Raphaël.

COMITÉ MÉDICAL
DE L'ŒUVRE DES ENFANTS TUBERCULEUX

MM.
Président :

HÉRARD, O. ✽, ancien président de l'Académie, professeur agrégé à la Faculté de médecine de Paris, médecin honoraire de l'Hôtel-Dieu.

Vice-présidents :

VILLEMIN, O. ✽, Membre de l'Académie de médecine, président du Congrès pour l'étude de la tuberculose, médecin en chef du Val-de-Grâce.

*GRANCHER, O. ✽, professeur à la Faculté de médecine de Paris, membre du comité consultatif d'hygiène publique de France, médecin de l'hôpital des Enfants.

Secrétaire général :

*LÉON-PETIT, secrétaire de la Société de médecine pratique, membre de la Société de thérapeutique, membre du Comité médical de la Société des gens de lettres.

*GUÉNEAU DE MUSSY, O. ✽, membre de l'Académie de médecine, médecin des hôpitaux.

DUJARDIN-BEAUMETZ, O. ✽, membre de l'Académie de médecine, membre du conseil d'hygiène, médecin de l'hôpital Cochin.

*LABBÉ (Léon), O. ✽, membre de l'Académie de médecine, professeur agrégé à la Faculté de médecine de Paris, chirurgien de l'hôpital Beaujon.

*PAUL (Constantin), ✽, membre de l'Académie de médecine, professeur agrégé à la Faculté de médecine de Paris, médecin de l'hôpital de la Charité.

CADET DE GASSICOURT, ✽, Membre de l'Académie de médecine, Président de la Société médico-pratique, médecin de l'hôpital Trousseau.

*HUCHARD, ✽, président d'honneur de la Société médico-pratique, médecin de l'hôpital Bichat.

*BLACHE, R., ✽, lauréat de la Faculté, de l'Académie de médecine et de l'Institut, membre du Comité départemental de la protection des enfants du premier âge.

*GOUEL, ✽, membre de la Société de thérapeutique, médecin en chef de l'hôpital de Villepinte.

Médecins spécialistes :

LADREIT DE LACHARRIÈRE, O. ✽, médecin en chef de l'Institution des Sourds-Muets. (Maladies des oreilles.)

DUBOYS DE LA VIGERIE, ex-chef de la Clinique nationale des Quinze-Vingts. (Maladies des yeux.)

*CADIER, membre de la Société de médecine pratique et de la Société médico-pratique. (Maladies de la gorge.)

CHAUVEAU, médecin du dispensaire Furtado-Heine, membre de la Société médico-pratique. (Maladies de la bouche et des dents.)

Médecins résidents :

JAOUL, hôpital d'Ormesson.

BONTEMPS, asile de Valescure.

Les noms précédés d'un astérisque sont ceux des membres du comité médical qui a présidé à la fondation de l'hôpital des jeunes filles phtisiques de Villepinte.

Les services hospitaliers sont faits par les Sœurs de Sainte-Anne.

Paris. — Typographie A. HENNUYER, rue Darcet, 7.

DE LA
RESPONSABILITÉ
DES ACCIDENTS

DONT

LES OUVRIERS SONT VICTIMES DANS LEUR TRAVAIL

DISCOURS

PRONONCÉ

A LA RENTRÉE DES AVOCATS STAGIAIRES DE LA COUR D'APPEL DE POITIERS

Le 14 Décembre 1889

PAR

Charles COUILLAULT

Avocat

SECRÉTAIRE DE LA CONFÉRENCE

Lauréat de la Faculté de Droit

POITIERS

IMPRIMERIE BLAIS, ROY ET Cⁱᵉ

7, RUE VICTOR-HUGO, 7

—

1890

www.ingramcontent.com/pod-product-compliance
Lightning Source LLC
Chambersburg PA
CBHW051408060726
47596CB00005B/2126